MANDALAS

PATRICIA LÓPEZ CABALLERO

MANDALAS

PARA LA **ABUNDANCIA** Y LA **PROSPERIDAD**

zenith

Primera edición: enero de 2017
Primera edición en esta presentación: enero de 2025

Zenith es un sello editorial de Editorial Planeta, S.A.
Avda. Diagonal, 662-664, 08034 Barcelona (España)
www.zenitheditorial.com
www.planetadelibros.com

ISBN: 978-84-08-29665-2
Depósito legal: B. 22.660-2024

Impreso en España – *Printed in Spain*

CONTENIDO

INTRODUCCIÓN

El mandala o "círculo sagrado" se ha utilizado desde épocas prehistóricas como símbolo de perfección en representaciones artísticas y religiosas de muchas culturas. Inspirado en el orden natural que rige el universo, el ser humano lo creó para representar el Todo, el equilibrio, el centro y lo divino. Gracias a su antigüedad y poder simbólico, con el tiempo se ha establecido en la mente del hombre como una figura arquetípica de la vida, y es por eso que nuestro subconsciente lo reconoce como un espacio natural y seguro.

Cada vez que elaboramos y coloreamos mandalas, abrimos una vía directa hacia nuestro interior. Nuestra mente se relaja y nos permite disfrutar de una quietud que acalla el caos de los pensamientos desordenados y reiterativos del día a día. En ese estado de silencio podemos escuchar la voz de nuestra alma, retomar la ruta del equilibrio y reconectar con el flujo inagotable de sabiduría que está siempre disponible para nosotros. Desde ese lugar es posible borrar memorias y creencias que nos alejan del bienestar y activar, a cambio, afirmaciones y emociones que nos apoyen en la construcción de una vida más plena. Esa es, precisamente, la invitación de este libro: que a través del coloreado consciente de mandalas, logres despertar dentro de ti el orden próspero que reina en el universo.

La prosperidad y la abundancia son estados naturales que, por manifestarse en la vida material, algunas veces dejamos de asociar con el camino del espíritu y la paz interior. Sin embargo, esa aparente separación empieza a disolverse a medida que despertamos a una mirada más consciente e integral de nuestra naturaleza, que es a la vez divina y humana. Desde esta nueva perspectiva, la prosperidad es entendida y vivida como un flujo constante que se manifiesta todo el tiempo en nuestra existencia y al cual es posible permanecer conectado si así lo deseamos.

Este libro es una herramienta para reestablecer esa conexión y acceder a la fuente generosa e inagotable de la prosperidad. Ha sido creado para ti con la intención de acompañarte a generar abundancia en el camino hacia la realización de tu propósito más elevado. Será un viaje creativo que te ayudará a reconectarte con el flujo próspero de la vida.

En él encontrarás 88 diseños de mandalas originales, especialmente creados para despejar la senda hacia la prosperidad. Estos se encuentran acompañados de **preguntas** que te ayudarán a identificar tus creencias con respecto a la abundancia, **afirmaciones** con las que podrás transformar cualquier idea limitante en premisas creadoras de prosperidad y **meditaciones** que potenciarán los beneficios del coloreado consciente de los mandalas. Al final, encontrarás una oración con la que podrás sellar tu intención y un ritual para que crees tu propio mandala de la abundancia. Con este último invocarás la fuerza abundante de la Tierra y completarás tu viaje mandálico hacia la prosperidad.

¿QUÉ ES UN MANDALA?

La palabra "mandala" proviene del sánscrito y significa "círculo sagrado", "rueda" o "totalidad". Tiene una función espiritual, filosófica y ritual: es una representación gráfica del orden del universo, una herramienta de meditación que reunifica las energías dispersas de nuestra mente consciente y subconsciente.

Todos los elementos que conforman un mandala tienen un significado puntual que se suma al sentido global del diseño. La estructura, las formas geométricas, las figuras, los colores y los números cuentan con un simbolismo propio que potencia la intención específica de cada dibujo.

ESTRUCTURA Y GEOMETRÍA

Como estructura gráfica, un mandala consiste en una serie de formas geométricas concéntricas organizadas en diversos niveles visuales. Sus diseños son muy variados, pero mantienen características similares: un centro y elementos geométricos o simbólicos dispuestos simétricamente. Sus figuras se basan en los principios de la geometría sagrada, la cual observa que los mismos patrones visuales se repiten tanto en el microcosmos (en la conformación de un átomo, por ejemplo), como en el macrocosmos (en la composición de una galaxia). Usualmente se diseña sobre una estructura cuadrada, pues, simbólicamente, ello representa traer el cielo (el círculo) a la tierra (el cuadrado).

El mandala puede ser creado en forma bidimensional o tridimensional. En el primer caso, se usan materiales planos, dibujados sobre papel, cartulina o tela para ser pintados o coloreados. En el segundo, pueden utilizarse materiales como piedras semipreciosas, mármol, arena, pétalos de flores, hojas, semillas, frutas o cualquier objeto que permita trazar el diagrama. También pueden ser bordados o tejidos.

COLORES

El color es una parte del espectro lumínico y es también energía vibratoria. Dependiendo de su longitud de onda, afecta de diferente forma al ser humano, produciéndole diferentes sensaciones de las que normalmente no somos conscientes. Es un elemento simbólico y un lenguaje que se relaciona con la multiplicidad de las expresiones humanas. Cada uno tiene diversos significados y simbologías que varían de cultura en cultura, pero su gran influencia sobre la mente y las emociones de los humanos está comprobada, independientemente de su género, raza o procedencia.

A continuación encontrarás una lista con el significado de algunos colores, la cual puedes usar como referencia a la hora de pintar tus mandalas. Sin embargo, te sugiero que te dejes llevar por tu intuición y sensaciones personales hacia cada color, pues no hay que olvidar que cada ser humano posee una escala de colores propia que utiliza para expresar su humor, su temperamento, su imaginación y sus sentimientos.

- **Violeta**

  La energía vibratoria de este color libera y apoya la transmutación de estados inquietantes. Cuando nos enfocamos en el violeta, podemos calmar la tristeza, la depresión, la tensión y la culpa. Su energía ayuda al desarrollo de la conciencia del espíritu y a la concentración. Despierta la inspiración y promueve cualidades del alma como el misticismo, la intuición y el idealismo. Es útil para la recuperación del equilibrio mental y la serenidad. Está asociado con el *chakra* o centro energético de la fontanela y, en general, con toda la cabeza y el cerebro. Rige la glándula pineal.

Azul índigo

La energía vibratoria de este color calma los impulsos, aquieta las emociones y propicia estados de paz, armonía y serenidad. Posee un efecto tranquilizador en la mente y en el sistema nervioso. Fomenta la salud física, aumenta el entendimiento, apoya la conexión con el mundo espiritual y acentúa cualidades como la sinceridad, el amor y la fidelidad. Incrementa la fuerza y el poder personal. Brinda sensación de protección y activa el poder de decisión. Se asocia con el *chakra* o centro energético de la garganta.

Azul turquesa

La energía vibratoria de este color apoya el desarrollo de la sociabilidad, la comunicación y la amistad. Despierta la gracia, el humor y el encanto, así como la imaginación. Potencia la capacidad de confiar en la intuición y adaptarse a los cambios. Fomenta la creatividad. Ayuda en la toma de conciencia de uno mismo. Despierta la compasión y la empatía, la expresión de los sentimientos, el optimismo y la simplicidad. Se asocia con el *chakra* o centro energético del tercer ojo.

Marrón

La energía vibratoria de este color tiene un efecto equilibrante y está asociada con la tierra. Restaura la confianza en uno mismo y en la vida. Fomenta las cualidades de la disciplina y la organización. Puede ayudar en la renuncia del ego. Evoca estabilidad y representa cualidades masculinas. Algunos tipos de marrón se asocian con el desapego, la madurez y la estabilidad. Afianza los propósitos y la confianza para alcanzar las metas propuestas.

Dorado

La energía vibratoria de este color se asocia con el Sol y, por tanto, con lo masculino, el mundo de lo físico y mental. Significa sabiduría, claridad de ideas y riqueza. En la antigüedad, era el color de la divinidad. Aporta vitalidad y energía al sistema nervioso humano. Otorga fortaleza de cuerpo y espíritu.

Plateado

La energía vibratoria de este color se relaciona con la Luna y, por tanto, con lo femenino, el mundo emocional. Se asocia con los aspectos sensibles y fomenta la armonía y el equilibrio. Aclara las ideas y ayuda a limpiar interiormente. Fomenta la compasión, la virtud contenedora, la ternura, el silencio, la espera y la paciencia.

Blanco

La energía vibratoria de este color se asocia con la luz, la bondad, la paz o redención, la inocencia, la pureza, la virginidad y la infancia. Se le considera el color de la perfección, el cambio, la virtud, la sinceridad y el amor a la verdad. Significa seguridad y limpieza. Representa un inicio afortunado. Es la suma o síntesis de todos los colores y es el símbolo de lo absoluto, de la unidad. Se identifica con la espiritualidad.

Negro

La energía vibratoria de este color se relaciona con la oscuridad de la Tierra, con el seno sagrado que alimenta las semillas para que germinen. Se le asocia con lo invencible, el poder de renovación y la dignidad. Su uso representa el espacio que alberga todas las cosas y del cual todo emana.

LOS BENEFICIOS DE COLOREAR MANDALAS

El proceso del coloreado genera silencio y crea intimidad con nosotros mismos. Es una excelente herramienta de autoobservación y autoconocimiento. A través de él, generamos paciencia, centramos nuestra mente, calmamos nuestras emociones y controlamos el estrés. Con esta práctica, creamos un estado mental y emocional que facilita el contacto con nuestro ser más elevado.

Cuando coloreamos un mandala respetando la simetría y estructura de su diseño, estamos llevando ese orden también a nuestra mente y reconectando con la perfección de nuestro espíritu. El coloreado silencioso, consciente y habitual es una meditación activa, pues el efecto del color, la influencia de su geometría sagrada y la acción de la repetición activan nuestras ondas cerebrales alfa, las cuales emiten una señal de relajación, tranquilidad y bienestar a todo nuestro cuerpo. Cuando entramos en ese estado, nuestra mente se encuentra completamente receptiva y entonces es posible acceder a ella, conocerla y reprogramarla para nuestro más alto bien y beneficio.

ANTES DE EMPEZAR A COLOREAR

- Separa un tiempo específico para el coloreado. De esta manera te regalarás un momento de soledad y facilitarás el diálogo profundo contigo mismo. Cerciórate de que no serás interrumpido mientras coloreas.

- Designa un espacio físico, un lugar sagrado e íntimo para colorear tus mandalas. Activa el lugar antes de comenzar a trabajar. Puedes hacer una limpieza energética para eliminar cualquier carga que haya sido creada por emociones o pensamientos discordantes con tu intención. Esto lo puedes hacer usando el humo de un incienso, tocando una campana o poniendo música relajante de fondo.

- Si lo deseas, y según sea tu creencia, puedes encender una vela e invocar la presencia de tu yo superior, la energía creadora del universo, el amor o Dios. Para ello, puedes cerrar tus ojos y traer a tu imaginación recuerdos de momentos agradables en lo cuales hayas sentido amor en cualquiera de sus expresiones. Permite que tu corazón recuerde ese estado emocional natural y decide crear desde ahí tu realidad.

- Sumérgete en el universo de colores y formas de tus mandalas y ábrete a la posibilidad de transformar tu mente mientras te relajas y sanas.

EL DIÁLOGO CON TU MANDALA

CÓMO COLOREARLO

Aunque el coloreado del mandala es una actividad que se realiza espontáneamente, también puede hacerse de una manera determinada para alinearlo con la intención que tienes. Puedes decidir pintar un mandala en un color o tono determinado que apoye tu propósito. Igualmente, puedes decidir antes de empezar el orden en que lo colorearás. Si lo que quieres es traer de tu interior a la realidad una habilidad, una actitud o una decisión, puedes empezar a colorear desde en el centro y continuar ordenadamente en dirección hacia afuera. Si, por el contrario, deseas traer algo del exterior a tu interior (una nueva idea, una actitud o una disciplina), entonces realiza el coloreado de afuera hacia adentro. En caso de que quieras integrar tu vida interna y externa, crea un ritmo con el cual pintas alternadamente áreas del centro del mandala y de la periferia.

CÓMO INTERPRETARLO

Cuando coloreas un mandala, estás entrando en el reino íntimo y sagrado de tu ser interior. Al hacerlo, conectas con fuerzas profundas que existen en ti y despiertas información contenida en tu mente subconsciente. Por tanto, el mandala se convierte en un canal de introspección que te abre las puertas del conocimiento universal y de ti mismo como parte armónica de un todo perfecto. Aunque este diálogo siempre está presente, puedes buscar o no conocer su mensaje conscientemente. Si decides no hacerlo, de todas maneras recibirás los múltiples beneficios mentales, emocionales y espirituales que de por sí da el coloreado y que no requieren de ninguna interpretación. Si, por el contrario, decides establecer un diálogo con el mandala, recuerda que nadie podrá interpretar el mensaje mejor que tú, pues las asociaciones personales que hacemos con los colores y los símbolos dependen en gran parte de nuestras experiencias con ellos.

El diálogo puede suceder desde el momento en que empiezas a crear el mandala. Irás notando que el propio dibujo te pide el color o es el que marca el orden en que lo colorearás. También puedes comunicarte con el mandala una vez terminado, observándolo detenidamente y permitiéndote de manera intuitiva sentir lo que los colores y las formas te muestran. Tu mandala actúa como un espejo que refleja aquello que guardas en tu interior.

Puede que, mientras pintas, te llegue una frase, un recuerdo o una sensación. Todo esto podrá ayudarte a entender su mensaje o darte una ruta para la búsqueda del mismo. Permanece atento a tus sensaciones y a tus pensamientos. Incluso, a los juicios que pueden aparecer. Toma nota de ellos, pues pueden contener claves que te ayudarán a entender lo que el mandala te está diciendo.

Lo más probable es que la figura que tienes ante ti te resulte hermosa y sientas una sensación gratificante al reconocer tu propia belleza en el mandala terminado. Sin embargo, si llegara a resultarte frustrante o desagradable lo que observas, no te preocupes, pues ello te está indicando adónde debes llevar más atención, amor, compresión, paciencia, perdón, gratitud o armonía.

Las siguientes preguntas te ayudarán a empezar la comunicación con tu mandala. Cuando las formules, permite que las respuestas surjan espontáneamente.

¿Qué te dice el color de tu mandala?

- ¿Predomina algún color?
- ¿Qué color es el que menos presencia tiene?
- ¿El tono general es claro o es oscuro?
- ¿Tiene colores vivos, cálidos o fríos?
- ¿Hay variedad de colores o, por el contrario, es monocromático o con pocos colores?
- ¿Qué veo de mi estado de ánimo a través del color?
- ¿Están los colores unidos de manera armónica y complementaria, o, por el contrario, están riñendo entre sí?

Una vez hayas analizado esto, busca en ti las asociaciones que haces con los colores y ve anotándolas, pues de esta manera podrás ir creando tu propio diccionario de símbolos. Posteriormente, revisa el significado del color o de los colores que se encuentra al inicio de este libro.

¿Qué te dice el centro de tu mandala?

- ¿El centro del mandala tiene movimiento, es estático o armónico?
- ¿Qué sensación me produce verlo?
- ¿Me parece que está unido al resto del mandala, o está desprendido?
- ¿El centro del mandala dialoga en color y ritmo con el resto?

Todas estas respuestas te darán información sobre cómo se encuentra tu propio centro, y sobre el estado de integración entre tu ser interior y tu realidad. El núcleo del mandala será la representación de tu centro o de la situación sobre la cual estás meditando.

¿Qué te dicen las formas de tu mandala?

- ¿Algunas formas que antes no eran perceptibles lo son ahora?
- ¿Cuáles son esas figuras que tomaron más importancia?
- Busca si esas formas son simbólicas o metafóricas para ti. De nuevo pregúntate acerca de las asociaciones que haces con ellas y toma nota.

Ten presente que somos seres cambiantes por naturaleza y que, por tanto, habrá días en que quizás te resulte más fácil o más difícil dialogar con tu mandala. Esto puede estar relacionado con los estados de ánimo, con la profundidad, la importancia o lo oculto que se encuentre el tema que se te esté revelando. No olvides que hay aspectos de nuestras vidas que hemos ocultado consciente o inconscientemente y de los cuales huimos... Así que es muy posible que se interpongan esos mismos obstáculos en el momento de intentar la interpretación, pero, si insistes, el instante de revelación ha de llegar, quizás trabajando otros mandalas, repitiendo el mismo o lanzándote a crear uno propio.

Volver a observar los mandalas realizados pasado un tiempo puede hacer surgir nuevas intuiciones igual de válidas a las que hiciste cuando lo coloreaste. Incluso, puede ser muy revelador volver a colorear el mismo diseño pasado un tiempo. ¡Te sorprenderás al ver todo lo nuevo que un mismo mandala puede mostrarte!

LA PROSPERIDAD Y LA ABUNDANCIA COMO UN ESTADO NATURAL

Existe una idea muy generalizada en Occidente según la cual ser próspero es vivir en riqueza económica. Esto anula la posibilidad de reconocer los regalos intangibles de la vida que aunque no pertenezcan al mundo de la materia, generan infinito valor y riqueza en nuestra existencia: la paz, el amor, la salud, la alegría, la amistad, la compañía, la creatividad, el conocimiento del ser...

Ideas como esta, que provienen de un pensamiento condicionado principalmente por factores externos como la cultura a la que pertenecemos, la educación que recibimos y la relación que nuestros padres han tenido con el dinero, nos llenan de limitantes que nublan la confianza en nosotros mismos y en la abundancia de la Tierra. Cuando dejamos de entender la riqueza como una consecuencia natural de fluir con la vida, y en vez de eso la percibimos como un propósito en sí misma, sin darnos cuenta limitamos el flujo constante y abundante que nos corresponde. Paradójicamente, buscamos entonces salir de la escasez concentrándonos en ella. Ponemos toda nuestra atención y capacidad creativa en lo que no tenemos y, así, seguimos atrayendo más carencia a nuestra realidad.

El temor a la carencia, la culpa por tener cuando otros no tienen y la idea de que no somos capaces, merecedores o dignos de las bendiciones del universo son conceptos que nos alejan de la infinita fuente de recursos y posibilidades que es la vida. Afortunadamente, cada uno de nosotros puede decidir reevaluar sus creencias limitantes y reemplazarlas por unas que estén acordes con la prosperidad que queremos manifestar en nuestra vida. Este libro es una herramienta para lograrlo. A través de sus páginas podrás identificar y modificar los patrones limitantes de pensamiento que te han desconectado del flujo abundante de la Tierra y te abrirás a la posibilidad natural de crear realidades de abundancia y prosperidad.

Regálate este viaje a tu corazón. Reconócete como parte del universo, que es próspero e infinito, y recuerda que ser abundante no solo es tu derecho natural, sino, también, tu obligación sagrada.

LO QUE ENCONTRARÁS EN ESTE LIBRO

A continuación encontrarás once sesiones, cada una de ocho mandalas, a través de las cuales podrás construir la vía hacia la prosperidad que te corresponde y de la que quizás te hayas desconectado porque te has distraído de tu verdad.

Cada sesión comprende una visualización que te preparará para entrar en tu interior, así como preguntas de reflexión y una afirmación que potenciará tu capacidad de crear una realidad de abundancia total. También encontrarás unos renglones al reverso de algunos diseños para que anotes las sensaciones, ideas y revelaciones que llegan a ti mientras coloreas.

Recuerda que, con esta práctica, nuestra mente y nuestra alma se abren y podemos sembrar en ellas nuevas verdades. Estas germinarán muy pronto en tu vida si las cuidas con amor y disciplina.

¡Buen camino!

MANDALAS PARA RELAJARTE Y CENTRAR TU ATENCIÓN

La manifestación física de tus anhelos nace de la relajación y una atención centrada. No se puede crear desde una mente agitada o un cuerpo emocional inquieto. Por eso, te sugiero que inicies este viaje dedicando un momento a acallar tus pensamientos.

VISUALIZACIÓN

Adopta una postura cómoda, ojalá sentado, y con tu espalda recta. Cierra los ojos y respira profundo tres veces. Mientras lo haces, pronuncia mentalmente tu nombre, permitiendo que toda tu atención se centre en ti y trayendo toda tu conciencia a este momento. Imagina que cada una de tus siguientes inhalaciones recorre tu cuerpo, tu cerebro y tu corazón, y que, con cada exhalación, liberas toda la tensión física, pensamientos distractores y emociones perturbadoras. Mientras exhalas, repite mentalmente: "Suelto y libero mis tensiones físicas, mentales y emocionales". Permanece inhalando y exhalando por unos minutos y observa que tu respiración se hace mas profunda y te vas sintiendo más presente, más relajado.

Imagina que te desplazas a tu lugar preferido en la naturaleza. Observa en el entorno la belleza generosa que te rodea: la claridad del cielo, el brillo del sol, la frondosidad de los árboles. Nota que priman los colores verde y azul. Imagina que estos colores llegan a ti a través de tu respiración. Con el aire que inhalas toma esos colores y llévalos a tu mente, y siente que esta se aquieta y que el azul y el verde van calmando las emociones de tu corazón. Nota que su palpitar irradia una luz de esos colores, te llena de tranquilidad y silencia el ruido de tu mente. Ahora solo escuchas tu silencio interior y te dispones a colorear.

PREGUNTAS PARA REFLEXIONAR

- Cuando pienso en hacer una pausa y dedicar un tiempo de mi día a relajarme, ¿escucho una voz que condena esa intención?
- ¿Quién habla a través de esa voz?
- ¿Cuál es el paradigma o el juicio que la sustenta?
- ¿Siento que siempre tengo cosas más importantes o urgentes que realizar en lugar de encontrar un momento de silencio para mí?

AFIRMACIÓN

Es en la pausa donde mi cuerpo se sana. Es en el silencio donde mi corazón se expresa. Es en mi presencia total donde se calla el ruido de mi mente y mi emoción se relaja. Es en este momento de silencio donde se abre para mí la posibilidad de vivir en equilibrio. Estoy aquí y ahora. Disfruto este instante y permito la paz.

MANDALAS PARA REVISAR TUS CREENCIAS

Los nuevos tiempos nos han abierto la posibilidad de entender que somos lo que creemos, que los pensamientos que tenemos crean nuestra realidad y que nuestra capacidad de lograr lo que queremos depende de nuestra capacidad para imaginarlo. Por eso, antes de empezar este camino, es indispensable que revises qué pensamientos y creencias han determinado tu relación con la abundancia y la prosperidad.

VISUALIZACIÓN

Imagina que estás sentado en un teatro, frente a una gran pantalla donde proyectas todo lo que puedes recordar de tu vida. Visita las casas donde viviste en tu infancia y juventud. Obsérvate en el colegio y recuerda todos los lugares donde estuviste y las personas con las que interactuaste y de las que aprendiste sobre la vida. Busca todas las creencias, frases, decretos, opiniones o juicios que escuchaste en relación a la prosperidad. Escucha qué decían sobre el dinero tu papá, tu mamá, tus abuelos, tus profesores, tus amigos y otras personas cercanas. ¿Cómo era y cómo es la relación de todos ellos con la riqueza? ¿Agradecen su prosperidad? ¿La disfrutan? ¿La condenan? ¿Cuál es la emoción con la que se relacionan con la abundancia? ¿La sufren? ¿Comparten su riqueza? ¿La protegen y la guardan con temor? ¿Viven con pensamientos de escasez?

Mantén estas preguntas en tu mente mientras observas las imágenes de tu historia pasando en tu pantalla mental. No juzgues ninguna información que te llega, solo escucha y permanece atento. Agradece las memorias que se te desvelaron, ve dejando ir todas las imágenes e imagina que todos se van, dejando la pantalla completamente oscura. Inhala profundo mientras decides recordar lo que viste. Permanece atento a tus pensamientos, recuerdos o emociones; puede ser que tu mente revele alguna información útil sobre tus propias creencias en relación con el dinero y la prosperidad.

Deja que las preguntas te habiten por un tiempo, quizás permanezcas con ellas algunos meses y sigan revelándote información a partir de este momento.

PREGUNTAS PARA REFLEXIONAR

- ¿Entiendo la prosperidad únicamente como riqueza material o me siento también próspero cuando reconozco las bendiciones de amor, salud, satisfacción profesional y amistad?
- ¿Vivo mi realidad conectado al flujo constante de recursos que es la vida?
- ¿Siento que los recursos fluyen hacia mí?
- ¿Siento que es fácil para mí construir un camino de abundancia o que hacerlo implica gran esfuerzo y dificultad?
- ¿Merezco ser abundante? ¿Siento culpa por serlo?
- ¿Mi familia vive en abundancia o creo que la prosperidad esquiva a todos sus miembros?
- ¿Hay algún riesgo en tener riqueza?

AFIRMACIÓN

Elijo ver y permito que me sean reveladas las creencias subconscientes que determinan mi relación con la prosperidad. Sé que es seguro para mí verlas y que puedo y quiero transformarlas. ¡Así es y hecho está!

MANDALAS PARA LIBERAR Y REDISEÑAR PARADIGMAS

La mayoría de ideas que tenemos sobre la abundancia y la prosperidad son aprendidas y las hemos ido incorporando a lo largo de la vida. Estas constituyen la base sobre la que construimos nuestra realidad. Aunque puede que muchas de ellas sean positivas, algunas pueden no serlo y es posible que estén obstaculizando nuestra capacidad de generar prosperidad. Si revisas lo que observaste en la pantalla en la visualización anterior, es posible que encuentres las creencias que han podido limitarte y desconectarte del flujo natural de prosperidad. Veamos ahora cómo podemos transformarlas.

VISUALIZACIÓN

Imagina que estás en tu lugar favorito de la naturaleza. Te encuentras sentado frente a un hermoso y caudaloso río. Concéntrate en su fluir y, poco a poco, imagina que de tu mente salen las creencias que limitan tu prosperidad. Observa cómo el río las transforma en agua que fluye y tú te vas sintiendo más libre, más liviano, más listo para recibir nuevas ideas que activen tu conexión con la vida y sus abundantes recursos. Continúa observando el río e imagina que entras en él. Siente su incesante fluir y abre tu mente al aprendizaje sobre el flujo constante y abundante que siempre está disponible para ti. Con esa sensación de libertad y confianza, sal del río y recuerda que tú también puedes y sabes cómo fluir.

PREGUNTAS PARA REFLEXIONAR

- ¿Qué ideas aprendidas determinan mi relación con el dinero, con la abundancia y la prosperidad?
- ¿Cuál es la creencia principal sobre la riqueza que resuena como un eco en mi mente?
- ¿Cuál podría ser la que limita la prosperidad?
- ¿Alguna de esas creencias rechaza la riqueza?

AFIRMACIÓN

Hago parte de un universo infinitamente abundante. La vida y su generosa riqueza fluyen a través de mí. Soy la vida, soy abundancia y estoy pleno de recursos que acepto en mi beneficio y en el beneficio de la vida en todas sus expresiones.

MANDALAS PARA ACTIVAR TU CONFIANZA

Toda intención de crear bienestar nace de un sentimiento fundamental: la confianza. En ti mismo, en la vida, en que mereces lo que quieres, en que en el universo hay mucho más de lo que pides y en que puedes generar todo lo que seas capaz de imaginar. Por eso, para poder manifestar abundancia, es necesario que afiances esa sensación dentro de ti, lo cual solo puedes hacer si decides soltar algunos hábitos mentales y dinámicas de acción que parten de la desconfianza.

VISUALIZACIÓN

Imagina que de nuevo estás en el lugar natural que en tu imaginación has creado durante este viaje. A medida que observas todo lo que hay en él —los árboles, los pájaros, el agua, las flores—, vas sintiendo cómo las barreras entre ese lugar y tú desaparecen. Siente que ese lugar es una extensión de ti mismo, de la vida que eres, y ve llenándote de una sensación de pertenencia que va despertando el amor que conecta tu corazón. Imagínate caminando y llenándote de amor por todo lo que existe, incluyendo lo que tú eres. Sintiendo en todo tu cuerpo ese amor, imagina que lo recoges y vas creando una esfera de luz en tu corazón. Escoge un lugar y siéntate. Imagina que sacas esa esfera de luz y la lanzas al universo, bañando de amor la Tierra y todo lo que existe. Siente que esa esfera explota en miles de chispas y que muchas de ellas regresan a ti, cubriéndote también de luz de amor.

PREGUNTAS PARA REFLEXIONAR

- ¿Qué sensaciones llegan a mí cuando escucho la frase "El universo apoya a los corazones valientes"?
- ¿Creo que la vida me sostendrá si me lanzo a la conquista de mis propósitos, o siento duda y temor al pensarlo?
- ¿Qué atributos tengo para lograr mis propósitos? ¿Confío en ellos y en su fuerza?

AFIRMACIÓN

Sé que soy parte integral del universo. Reconozco mi conexión a través del amor y, con plena confianza en mí, en la vida y en la fuente de la creación, recibo la prosperidad de la vida y alimento con ella mis propósitos. Confío. Confío. Confío. ¡Las bendiciones ya están en mi vida!

MANDALAS PARA ENFOCAR TU PROPÓSITO

Distraernos de nuestros sueños es un hábito mental muy común en un mundo tan demandante como en el que vivimos. Es fácil darle fuerza a causas externas y aplazar, por ellas, nuestros verdaderos anhelos. Así perdemos el enfoque en las acciones creadoras de nuestro propósito.

Usamos para ello argumentos que nos dicen que este no es el momento o que aún no estamos listos, desconociendo que el futuro está constituido por el instante que sigue al presente y que es con cada acción que tomamos hoy como vamos labrando el camino que nos lleva al sueño. Mantenernos enfocados es una práctica fundamental para sostener nuestro propósito de reconexión con el flujo de la abundancia. Aprovecha esta sección para hacerlo.

VISUALIZACIÓN

Visita de nuevo ese templo natural creado por ti durante este viaje. En ese lugar, busca un espacio luminoso y radiante que te llame la atención. Siente que tu propia conciencia de abundancia te llama hacia ese lugar. Sabes que ahí están todos los recursos, los pensamientos, las emociones y las sincronías que reconectarán tu vida con la posibilidad constante de crear prosperidad. Sabes que si está en tu mente y en tu emoción como un sueño es porque puedes crearlo en esta realidad física. Ve caminando hacia el lugar que elegiste. Camina enfocando tu mente en ahí donde la abundancia fluye hacia ti, donde tú eres el flujo mismo de la prosperidad. Al llegar, entra en un torbellino de energía y siente que se despierta en ti la confianza plena en tu capacidad de generar todo el bienestar que te corresponde.

PREGUNTAS PARA REFLEXIONAR

- Si frente a mi casa pasaran varios buses con distintas rutas que llevan hacia los propósitos personales, ¿sabría cuál tomar?

- ¿Cuál sería mi criterio para elegir? ¿Seguiría alguna voz externa que me aconsejara con base en sus experiencias de vida, o escucharía mi corazón?

- ¿Sé cómo diferenciar la voz de mi pensamiento de la voz de mi corazón?

- ¿Hay alguien más que habla desde mi pensamiento? ¿A quién pertenece esa voz?

AFIRMACIÓN

Sé que mis sueños contienen en sí mismos la posibilidad de manifestarse en mi vida. Enfoco mis pensamientos y, con plena confianza en mí, en la vida y en la fuente de toda creación, reconozco que hay un tiempo perfecto para ser. Camino comprometidamente a cada momento y permanezco en la senda con gozo y con confianza en que llegaré.

MANDALAS PARA EQUILIBRAR LAS EMOCIONES

Vivimos en una cultura que tiende a subestimar el poder de las emociones. Tendemos a creer que es más importante el pensar que el sentir y, por eso, a veces nos abruma la diversidad de emociones que nos habitan. Como resultado, perseguimos únicamente aquellas que nos generan alegría o placer y les huimos a las que son menos agradables, cuando en realidad todas son necesarias para conocernos y relacionarnos con la vida. Cuando reprimimos emociones como la rabia, la frustración o la tristeza, estas se convierten en estados de ánimo que se reflejan en comportamientos repetitivos y disonantes con nuestro anhelo de bienestar.

En la senda hacia la prosperidad es necesario reconocer que las emociones son una herramienta poderosa con la que creamos nuestra realidad. Por eso, al alinearlas y encaminarlas positivamente, estarás permitiendo que el flujo de la vida corra naturalmente.

VISUALIZACIÓN

Imagínate de nuevo en aquel teatro donde puedes proyectar tu vida en una gran pantalla. Estás solo y vas viendo que ante ti aparece el niño que fuiste. Vas recorriendo las diferentes etapas de tu vida. Sin importar si las ves en orden cronológico o no, obsérvate y pon tu atención en sentir lo que ese niño siente en cada instancia. ¿Tiene miedo? ¿Está feliz? ¿Se siente culpable de algo? ¿Guarda algún dolor? ¿Alguna frustración? ¿Algún rencor?

Hazte consciente de lo que vas sintiendo, sin aferrarte a ningún recuerdo en particular. Trae todas las memorias a tu momento presente. Cuando veas pasar por la pantalla los momentos de dolor que guarda tu historia, repite mentalmente: "¡LO SIENTO! ¡PERDÓNAME! ¡LO SIENTO! ¡PERDÓNAME!". Cuando te sientas tranquilo, ve desenfocando poco a poco las imágenes hasta dejar la pantalla completamente en blanco.

PREGUNTAS PARA REFLEXIONAR

- Al recorrer tu historia, ¿prima alguna emoción en particular?
- ¿Cuál es la emoción que más al alcance tienes? ¿Cuál es la que más lejos está?
- ¿Esa emoción facilita o complica tu confianza en la creación de un flujo constante de prosperidad?
- ¿Hay alguna emoción que puedas traer a tu presente y usarla en la creación de abundancia?

AFIRMACIÓN

Reconozco y valido todas las emociones que surgen de mi corazón. Sé que puedo vivir en equilibrio. Perdono y me perdono. Me lanzo a la experiencia de la vida para sentir todas sus facetas. Permito la alegría y la tristeza, la realización y la frustración, la rabia y la calma, el amor y el temor. Permito todas las emociones en su natural y equilibrada expresión. Aprendo de ellas y elijo fortalecerme.

MANDALAS PARA DESPEJAR EL CAMINO HACIA LA PROSPERIDAD

Despejar la senda implica que avances con la plena certeza de que te encuentras en un punto de arranque perfecto. Desde aquí, recuerda que cada momento, cada persona y cada aprendizaje ha enriquecido particularmente la vida que TÚ viniste a vivir. Acepta que tu camino es distinto del de otros y que cada uno lleva a diversas y diferentes experiencias. Las que te corresponden son las que tú requieres para despertar, aprender, recordar tu esencia y vivir en bienestar.

Ha llegado el momento de hacerte cargo de definir y crear conscientemente tu propio camino. Decide sentirte próspero reconociendo todo lo que ya eres y todo lo que ya tienes. Para eso, te sugiero emplear la escoba que despeja todos los caminos: la gratitud por todo lo que es y todo lo que eres.

VISUALIZACIÓN

Ve de nuevo a tu teatro. Observa tu vida transcurrir desde cuando tengas memoria hasta hoy. Mientras observas, repite: "¡GRACIAS! ¡TE AMO! ¡GRACIAS! ¡TE AMO!". No te detengas a pensar si es posible amar o agradecer los recuerdos dolorosos. Sin importar si puedes ver o no los beneficios que estos trajeron a tu vida, agradécelos y entrégales a ellos y a ti mismo todo el amor.

Observa tu vida transcurrir hasta llegar a tu momento presente. Mira cómo eres hoy. Imagina que tu vida continúa más allá de este instante y siente cómo esa aceptación, esa gratitud y el amor por tu historia y por ti mismo van despejando el camino. Obsérvate caminar hacia adelante por una senda que aún no has transitado pero que ahora está desplegándose para ti desde tu corazón agradecido. Puedes visualizar hacia dónde caminas. Si no lo sabes, concéntrate en sentirte bien, confiando en la dirección de tu corazón. Continúa repitiendo "¡GRACIAS! ¡TE AMO!".

PREGUNTAS PARA REFLEXIONAR

- ¿Sé hacia dónde quiero caminar?
- Si no lo sé, ¿puedo imaginar cómo quiero sentirme cuando llegue allá?
- ¿Estoy en el camino que lleva a mi sueño?
- ¿Estoy alejándome del camino que lleva a mi sueño?
- ¿Estoy listo para agradecer la senda que he recorrido y elegir con gratitud el cambio o la reafirmación de mi camino?

AFIRMACIÓN

Doy gracias al camino y al caminante que he sido, soy y seré. Doy gracias a cada paso y a las vivencias que he creado para mí. Me reconozco en la senda del aprendiz y despejo el camino de expectativas que me roban la frescura de la vida, de temores del pasado y de creencias inflexibles que me impiden crear constantemente nuevas realidades de plenitud y prosperidad.

MANDALAS PARA SINTONIZAR TU PENSAMIENTO

Recordemos aquella frase de Albert Einstein que dice: "Si buscas resultados distintos, no hagas siempre lo mismo". Cuando permitimos que nuestra mente se mantenga ocupada con los pensamientos de siempre, los mismos que han creado nuestra realidad actual, cerramos la puerta al cambio. Las ideas repetitivas funcionan como autosugestiones que van dando forma a nuestra vida. Por eso, si queremos crear nuestra realidad de prosperidad, debemos reemplazar los pensamientos de escasez por ideas de abundancia. Solo así podremos atraer esa cualidad a nuestra vida.

MEDITACIÓN

Siéntate cómodamente y procura que tu espalda esté recta. Si estás en una silla, asegúrate de que tus pies estén tocando el suelo. Respira profundo, inhalando y exhalando cada vez más aire y más lentamente. Lleva toda tu atención a la inhalación y la exhalación. Poco a poco ve imaginando que llevas el aire a todo tu cuerpo, relajándolo de las tensiones y despertando toda tu conciencia corporal. Siente cada parte interna y externa de tu cuerpo y disponte para estar totalmente presente para ti. Siente tu peso sobre la silla o sobre el cojín y, poco a poco, ve soltándote, entregándote al piso que te sostiene. Recuerda que este es la Tierra misma.

Una vez sientas que tu cuerpo está relajado, concentra de nuevo tu atención en tu respiración. Imagina que el aire llega a tu cerebro y que es como un suave viento que barre todos los pensamientos distractores y los estados mentales como la duda, la preocupación, el afán, que podrían sabotear tu bienestar. Continúa haciendo esto hasta que tu mente esté enfocada en el momento presente. Repite mentalmente: "Estoy aquí y ahora, presente para mí y para esta experiencia".

Con esa sensación de estar totalmente presente con tu cuerpo físico y mental, inhala de nuevo imaginando que llevas todo el aire a tu corazón y que este se aliviana de emociones perturbadoras como la tristeza, la culpa, la rabia, el temor, el rencor, la frustración o cualquier otra que pueda estar arrebatándote la tranquilidad. Siente ahora cómo todo tu ser está aquí y ahora, presente para sintonizarte con tu propósito de prosperidad.

AFIRMACIÓN

Enfoco mi mente y me conecto constantemente al ilimitado flujo de la prosperidad de la vida. Permanezco unido a él. El dinero, la salud, la sabiduría, el amor y la alegría llegan a mí permanentemente y provienen de fuentes infinitas, conocidas y por conocer. Tomo sus bendiciones y las multiplico en beneficio de mi vida y de la vida en todas sus expresiones.

MANDALAS PARA SINTONIZAR TU EMOCIÓN

El mismo patrón repetitivo que tenemos con nuestros pensamientos, lo tenemos también con nuestras emociones. Cuando alguna de ellas permanece demasiado tiempo en nosotros y se convierte en un estado de ánimo, interpretamos y sentimos la vida bajo su lente. Entonces, lo que creamos en nuestra realidad se convierte en el resultado directo de la emocionalidad.

Tu trabajo de aquí en adelante será monitorear permanentemente tus emociones y descubrir esos lugares a los que tu hábito emocional te lleva día tras día. Tú puedes decidir salir de ese estado y permitirte sentir la infinita gama de emociones que pueden mostrarte la vida desde otro ángulo. Así estarás abriendo espacio para lo nuevo y podrás conectarte con el flujo constante de la prosperidad.

MEDITACIÓN

Siéntate cómodamente y procura que tu espalda esté recta. Si estás en una silla, asegúrate de que tus pies estén tocando el suelo. Respira profundo, inhalando y exhalando cada vez más aire y más lentamente. Lleva toda tu atención a la inhalación y la exhalación. Poco a poco ve imaginando que llevas el aire a todo tu cuerpo, relajándolo de las tensiones y despertando toda tu conciencia corporal. Siente cada parte interna y externa de tu cuerpo y disponte para estar totalmente presente para ti. Siente tu peso sobre la silla o sobre el cojín y, poco a poco, ve soltándote, entregándote al piso que te sostiene. Recuerda que este es la Tierra misma.

Una vez sientas que tu cuerpo está relajado, concentra de nuevo tu atención en tu respiración. Imagina que el aire llega a tu cerebro y que es como un suave viento que barre todos los pensamientos distractores y los estados mentales como la duda, la preocupación, el afán, que podrían sabotear tu bienestar. Continúa haciendo esto hasta que tu mente esté enfocada en el momento presente. Repite mentalmente: "Estoy aquí y ahora, presente para mí y para esta experiencia".

Con esa sensación de estar totalmente presente con tu cuerpo físico y mental, inhala de nuevo imaginando que llevas todo el aire a tu corazón y que este se aliviana de emociones perturbadoras como la tristeza, la culpa, la rabia, el temor, el rencor, la frustración o cualquier otra que pueda estar arrebatándote la tranquilidad. Siente ahora cómo todo tu ser está aquí y ahora, presente para sintonizarte con tu propósito de prosperidad.

PREGUNTAS PARA REFLEXIONAR

- Si reviso los últimos meses de mi vida, ¿qué emoción diría que ha predominado?
- ¿Esa emoción es temporal o es un estado de ánimo?
- ¿Qué dice esa emoción o ese estado de ánimo sobre la vida y sobre mí?
- ¿Qué estoy construyendo desde esa emoción?
- ¿Con qué emociones me cuesta conectarme?
- ¿Es necesario un cambio emocional?

VISUALIZACIÓN

Visita nuevamente ese lugar natural a donde has estado yendo durante este viaje. Imagina un gran árbol frondoso, sano y sólido que está poblado de frutos. Elige una fruta que te guste y siente que tu árbol siempre tendrá muchas de ellas. Esa fruta es el símbolo de tu prosperidad. Ella nutre tus cuerpos mental, emocional, físico y espiritual de todo aquello que trae a tu vida bienestar: pensamientos creativos, emociones edificantes, acciones generadoras de satisfacción, aprendizajes potenciadores, encuentros amorosos con diferentes personas, relaciones y experiencias que te despiertan y desbordan tu vida de alegría...

Imagina que caminas hacia ese árbol. Acércate y conéctate con él hasta sentir que son un mismo organismo. Siente tu fertilidad. Reconoce tu capacidad constante de dar frutos y comprende la fuente de generosa prosperidad que es la vida. Toma abundancia para ti y elige compartirla constantemente. Comprende que dando es como recibes y que, recibiendo, tienes para volver a dar.

NOTA: Esta visualización será tu propia metáfora de la prosperidad. La sugerencia es que la practiques siempre con la confianza en que ser próspero es tu derecho natural y que tu única obligación es eliminar, con disciplina, los obstáculos que te desconectan del flujo de la abundancia.

PREGUNTAS PARA REFLEXIONAR

- ¿Qué emociones vienen a mí frente a la afirmación: "Recibo con alegría, gratitud y respeto los regalos de abundancia de la vida. Sé que los merezco, los multiplico y los comparto"?
- ¿Siento que esa afirmación es una verdad en mi vida?
- ¿Agradezco diariamente lo que tengo y lo que soy?
- ¿Siento alegría cuando reconozco cada conquista diaria y recibo los regalos cotidianos?
- ¿Valoro lo que recibo?
- ¿Me siento merecedor de lo que recibo?

AFIRMACIÓN

Recibo con alegría, gratitud y respeto los regalos de abundancia de la vida. Sé que los merezco, los multiplico y los comparto. Alimento mi propia existencia y cuido las fuentes de recursos de la vida. Soy uno con la totalidad y mantengo en equilibrio el dar y el recibir.

MANDALAS PARA AGRADECER LA RECONEXIÓN CON EL FLUJO PRÓSPERO DE LA VIDA

La gratitud es el medio a través del cual mantenemos en movimiento la rueda de la prosperidad. Ella nos permite reconocer la abundancia que ya disfrutamos y mantener el flujo eterno que sigue bendiciendo nuestra vida y la de todos.

Agradece pues lo que has tenido, lo que ya tienes y lo que tendrás, con la confianza plena en que ya está dado para ti. Elige vivir en la aceptación de los tiempos en los que la sabiduría de la vida se expresa. Siente que el bienestar ya está manifestándose en tu realidad.

VISUALIZACIÓN

Visita nuevamente ese lugar natural a donde has estado yendo durante este viaje. Imagina un gran árbol frondoso, sano y sólido que está poblado de frutos. Elige una fruta que te guste y siente que tu árbol siempre tendrá muchas de ellas. Esa fruta es el símbolo de tu prosperidad. Ella nutre tus cuerpos mental, emocional, físico y espiritual de todo aquello que trae a tu vida bienestar: pensamientos creativos, emociones edificantes, acciones generadoras de satisfacción, aprendizajes potenciadores, encuentros amorosos con diferentes personas, relaciones y experiencias que te despiertan y desbordan tu vida de alegría...

Imagina que caminas hacia ese árbol. Acércate y conéctate con él hasta sentir que son un mismo organismo. Siente tu fertilidad. Reconoce tu capacidad constante de dar frutos y comprende la fuente de generosa prosperidad que es la vida. Toma abundancia para ti y elige compartirla constantemente. Comprende que dando es como recibes y que, recibiendo, tienes para volver a dar.

NOTA: Esta visualización será tu propia metáfora de la prosperidad. La sugerencia es que la practiques siempre con la confianza en que ser próspero es tu derecho natural y que tu única obligación es eliminar, con disciplina, los obstáculos que te desconectan del flujo de la abundancia.

PREGUNTAS PARA REFLEXIONAR

- ¿Considero que lo que tengo es todo lo que puedo y/o merezco tener?
- ¿Cuáles son las acciones conscientes a través de las cuales activo la rueda de la fortuna en mi vida?
- ¿Cuáles son las acciones conscientes a través de las cuales busco mantener el equilibrio entre el dar y el recibir?
- ¿Agradezco constantemente?
- ¿Disfruto lo que tengo, lo siento suficiente y, si deseo más, sé que puedo generarlo con confianza y gratitud?

AFIRMACIÓN

Tomo con alegría, gratitud y respeto los regalos de abundancia de la vida. Sé que soy uno con la existencia y que su flujo permanece activo en mí. Reconozco y agradezco mi fuerza generadora. Multiplico lo que recibo y lo comparto. Vivo en equilibrio dando y recibiendo con igual merecimiento.

DECRETO PARA ACTIVAR LA PROSPERIDAD

Confío en la fuerza divina que desde mi corazón me guía. Sé que el movimiento infinito y en equilibrio de la vida permanece vivo y constante en mí. Confío en mi capacidad de conectarme en todo momento con su abundante fluir. Me proyecto hacia la acción perfecta que, en resonancia armónica con mis emociones y la guía divina, genera las realidades que me llevan a vivir constantemente en abundancia y prosperidad.

RITUAL MANDÁLICO PARA CONVOCAR LA FUERZA ABUNDANTE DE LA TIERRA

Cuando hacemos un ritual, le damos fuerza y forma a lo que anhelamos. Por eso, si lo deseas, puedes tomar todo lo que has aprendido en este viaje y afianzarlo de esa manera. Asegúrate de concentrar tu intención y ofrendar los materiales que usas para que tu oración sea escuchada. Recuerda que estás entregándola a la energía divina.

Con un corazón agradecido y decidido a vivir en la confianza, dispón un momento y un lugar para estar en silencio y paz, y recuerda que tú eres la abundancia misma.

Materiales

- 1 velón naranja del tamaño que elijas
- Varias semillas o granos. Pueden ser lentejas, semillas de mostaza, arroz, semillas de girasol, fríjol negro o maíz amarillo
- Pétalos de rosa de varios colores

Indicaciones para crear el mandala

- Encuentra un lugar en el que te sientas a gusto y en intimidad. Asegúrate de que no serás interrumpido.
- Elige un tipo de música que te ayude a concentrarte y a relajarte.

- En el suelo o en un papel, traza un círculo de 80 centímetros de diámetro. Dentro de él, dibuja otros tres círculos concéntricos, así:

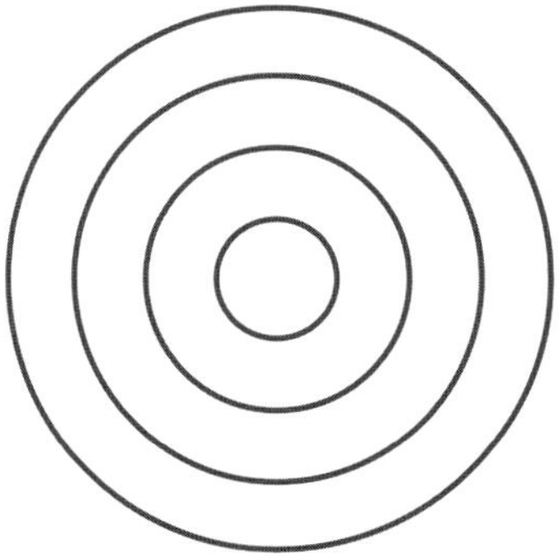

- Haz tres grupos, cada uno de dos granos o semillas. Uno de ellos representará tu energía masculina y otro, tu energía femenina. Con el primero, proyectarás la acción decidida que te comprometes a realizar para apoyar la llegada de la prosperidad a tu vida (*i.e.*, hacer una llamada para ofrecer tus servicios, abrir una conversación que sane un desacuerdo, dar el paso siguiente que has estado postergando, crear lo que aún no has creado y sabes que puede ser tu fuente de ingresos...). Con el segundo, proyectarás la emoción que tu prosperidad necesita para manifestarse (*i.e.*, confianza, paciencia, amor, perdón, aceptación, humildad...).
- Deja los granos o las semillas, los pétalos y la vela en un mismo grupo.

Indicaciones para realizar el ritual

- Usando la meditación que realizaste en las sesiones 10 y 11 (páginas 156 y 174), centra tu mente y tu corazón.
- En el círculo más pequeño, crea un corazón con los pétalos y coloca la vela en el centro. Rellena el resto del círculo con los granos o las semillas. Mientras lo haces, repite el decreto para activar la prosperidad (página 228).
- Rellena los tres círculos restantes colocando dos granos o semillas en cada uno. Cuando pongas el primero, siente que te comprometes a realizar la acción consciente que debes hacer para activar tu conexión con la prosperidad. Si no sabes cuál es esa acción, pon los granos o las semillas y ora por guía e inspiración. Cuando pongas el segundo, sintoniza la emoción que potencia tu oración.
- Cuando hayas terminado, enciende la vela y repite ocho veces el decreto con el que iniciaste la creación de tu mandala.
- Si es posible, deja el mandala armado por ocho días. Enciende la vela cada día y repite el mismo decreto. Cuando haya transcurrido ese tiempo, recógelo con amor y gratitud y ofréndalo en un jardín, deseando y diciendo:

"¡QUE TODOS LOS SERES SEAMOS FELICES Y VIVAMOS EN ABUNDANCIA Y PROSPERIDAD!".

Esta obra,
publicada por Zenith,
se acabó de imprimir
en enero de 2025